I Have Just Begun To Be

With Hindi Version

Translation of Abhi To Jeena Shuru Kiya Hai

Murli Manohar Srivastava

Translation by

Deepak Danish

Publisher: shanvipublications,Ghaziabad

shanvipublications@gmail.com

4th Edition

ISBN: 978-93-7685-186-7

Price : Rs.600/-

Dedicated

My Father

(Late) Sh. Vijai Kumar Srivastava

His Blessings Made Me a Writer

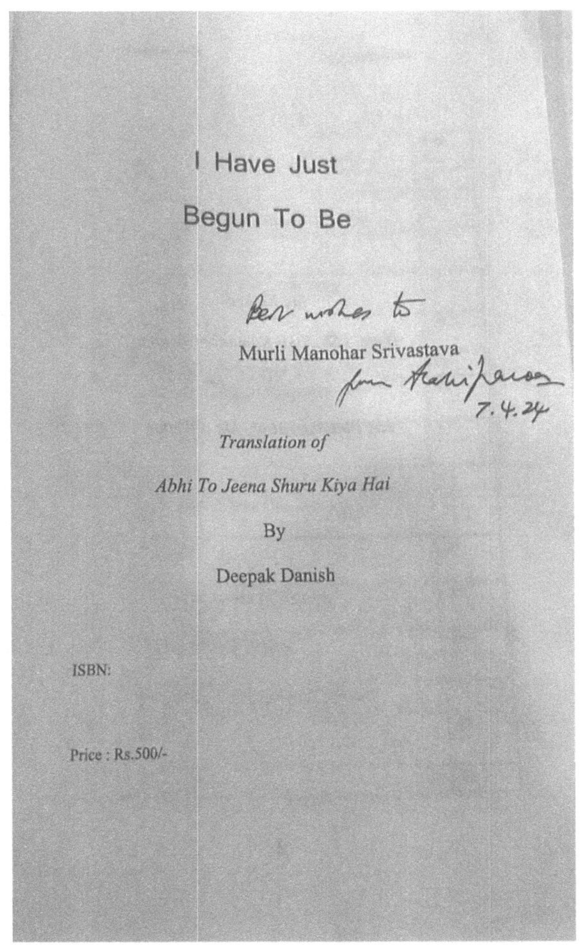

I Have Just

Begun To Be

Murli Manohar Srivastava

Translation of

Abhi To Jeena Shuru Kiya Hai

By

Deepak Danish

ISBN:

Price : Rs.500/-

Best Wishes from Dr. Shashi Tharoor

Index

Forewords

Life was passing by very silently, as if someone made me realize the limitedness of time. Just passing time got wings and life came to a standstill. Both are opposite to each other, stagnation in life came in the sense that there is no time to do something and time has wings because just running to do something will not work, you will have to fly. God has given man the wings of imagination so that he can fly.

This series of work is what keeps me alive. I get tired if I don't have work, I have a strange habit of devoting every single minute of my life to the work of my choice and then I automatically realize that time is very short.

In fact, when I have desire to say something, I ponder as to how will I be able to complete the task which is breathing within me in the form of thoughts. Yes, the embodiment of thoughts and feelings is creation, no matter what form it may be in, and I just go on saying it without thinking. Present time is the best time of expression in my life. Today, as soon as you write anything, there are many platforms available to share it among the people, passing through which you get to know about your work.

It is spread from WhatsApp to many social media platforms. So naturally, whatever I write as soon as

I wake up in the morning, I immediately share it in the WhatsApp group. There are three groups in particular, Dor , GIC 81 and Brothers Happiness Index. Here, on the advice of a friend I have created a site which is helping me to reach more and more people. I think we have to understand the changes happening in the present times. In the present times, the writers of literature also have to find means to reach their readers.

With this idea in mind, I have created this site. Hindi literature will also have to go through a phase of change. The time has come that it has to connect itself with the new generation and connect with its thinking. This time I am writing for the first time that the time has come to change that ancient stream of literature. Not only this, what we are calling or understanding as traditional literature, it has to leave its skin, it has to come out of its shell.

Unless new wind blows, how will fragrance arise in creativity. Today time is creating its new dimensions and the era of monopoly in literature is standing on the verge of breaking down. Well, I can't say much about this right now, I can just do my work. What I have been doing continuously, thirty years have passed and now I am continuously getting praise from people for my work, continuous publication is happening and the reach from readers to editors is increasing. There are two main purposes of my writing.

The first is that there should be so much appeal in the composition that readers start reading Hindi literature and the second is that "Prayag Raj", which has been the center of literature, should once again be recognized for its cultural heritage.

Believe me, it is not possible for me to change the style of direct communication with my reader, because after writing something, I myself stand in the category of the reader and start discussing the merits and demerits of the composition in an impartial manner. It is accepted that after being a reader, there is no way to send one's own disliked creation to other readers.

There is no meaning left so they automatically stop moving forward and reach my electronic dustbin as soon as they are deleted. Where they don't have to wait long to get out. If I add words like attachment and attachment to my creation, then perhaps I will not be able to do justice to the readers and I will feel the same with myself, so in the technical part of my creation Dharmita, I become cruel contrary to my nature. It is better to get away from the poem and the reader than to say something about the poem.

With just these words "Stay - just started living" is in your hands. I know this book is going to give birth to controversy soon, but what to do because with my nature and style this voice is coming from inside me, wait - I have just begun to be.

Murli Manohar Srivastava

I am thankful to

Dr. Shashi Tharoor

For best wishes

Murli Manohar Srivastava

14

Your Love

I penned the tome of tears

That on the black board of the heart

Was a composition

Scribbled of white chalk

People called it

Your love.

तेरा इश्क

मैंने आंसुओं की किताब लिखी

जो दिल के ब्लैक बोर्ड पर

सफेद चाक की

इबारत थी

लोगों ने इसे

तेरा इश्क कह दिया।

Visit The Temple

Temples have an eye

That sees the interiors of your heart

There you

Far from being a Human

Become the mirror of Truth

And

Are unable to utter falsehoods

Unto your own self

That is just

The prayer.

Truth

Is by itself a strength

That is begotten

मंदिर जाया करो

मंदिरों की आंख होती है

जो तुम्हारे दिल के भीतर देख लेती है

वहां तुम

इंसान नहीं

हकीकत का आईना बन जाते हो

और

खुद से

झूठ नहीं बोल पाते हो

बस वही तो

प्रार्थना है।

सच

अपने आप में ताकत है.

जो मंदिर के भीतर

Just upon stepping

Into the temple

Sans any

Polygraphic machine;

O friend

Facing the Truth

Leads you

To meet the true human being

Of your inner self.

Go to the temple,

Not to make an offering and on fruition of a vow

In gratitude to bow,

At times occasionally

For a rendevous with yourself.

कदम रखते ही

पैदा हो जाता है

बिना किसी

पॉलीग्राफिक मशीन के

सच का सामना

तुम्हें

तुम्हारे भीतर के

सच्चे इंसान से मिला देता है

ऐ दोस्त

मंदिर जाया करो

प्रसाद चढ़ाने और मन्नत पूरी होने पर

माथा टेकने नहीं

कभी कभी

खुद से मिलने के लिए।

परमात्मा वहां रहता है

बस तुम्हारे दिल के ,आईना बनते ही वह

It is the Almighty's abode;

Just as your heart

Transforms into a mirror, He

Comes into view;

Otherwise, you

Return with regrets

Thinking that

There is the mere idol of the Deity

Whereas the Almighty dwells in Azure.

नजर आ जाता है

वर्ना तुम

खाली हाथ लौट आते हो

यह सोच कर कि

वहां भगवान की मूर्ति लगी है

परमात्मा तो आसमान में रहता है।

22

Heartbeat

You use the stethoscope

To give ear to the heartbeats of man

I

Gauge heartbeats

By putting eyes into eyes;

You confirm a man being in life

And I

Pen the state

Of life

Hidden inside him.

धड़कन

तुम स्टेस्थस्कोप लगा कर

इंसान की धड़कने सुनते हो

मैं

आंखों में आंखें डाल कर

हार्ट बीट माप लेता हूं

तुम इंसान का जिंदा रहना बताते हो

और मैं

उसके भीतर छुपी

जिंदगी का

हाल लिख देता हूं।

Medicine For Every Malady

My medicine

Is available

Not at the chemist's shop

But gratis

In the inn

Of the emotions of the head and the heart

That has clue to the cure

For every malady of life.

हर मर्ज का इलाज

मेरी दवा

केमिस्ट की दुकान पर नहीं ,

दिलो दिमाग के जज्बात की

सराय में

मुफ्त मिला करती है

जो जिंदगी के

हर मर्ज का

इलाज जानती है ।

26

My Life

If I had

The permit to exist

By desire

Then

My life

Would be found standing

Near your door

मेरी उम्र

मुझे तमन्ना में

जीने की इजाजत होती

तो

मेरी उम्र

तेरे घर के दरवाजे के

आस पास

खड़ी मिलती।

The Question Paper Of Reality

Certainly

This life is life indeed,

Extremely successful

However

It is hardly a life of aspiration

That,

Solving the question-paper of reality

In the examination

Of life,

Has failed.

हकीकत का पेपर

यकीनन

यह जिंदगी जिंदगी तो है

बेहद सफल जिंदगी

लेकिन

तमन्ना की जिंदगी नहीं है

जो ,

हकीकत का पेपर देते हुए

जिंदगी के

एक्जाम में

फेल हो गई है ।

I am Incapable Of Speech

If

My voice

Is bereft of the power

To sink

Into your heart,

Then believe me,

I am incapable of speech .

मुझे बोलना नहीं आता

मेरी आवाज में

अगर ,

तुम्हारे दिल के भीतर

उतर जाने की

ताकत नहीं है

तो यकीन करना

मुझे बोलना नहीं आता ।

The Book Of Love

Gradually

Silences shall turn into sound;

You

Keep scribbling and erasing

My name

In the book of love.

इश्क की किताब

धीरे धीरे

खामोशियां आवाज हो जाएंगी

तुम

इश्क की किताब में

मेरा नाम

लिख के मिटाते रहना।

The Account For The Entire Night

You tell me how to account for the entire night;

The accounts for the entire day are yet to be settled.

तमाम रात का हिसाब

तुम्हें कहो

तमाम रात का हिसाब

कैसे करें

अभी

तमाम दिन के हिसाब

बाकी ठहरे ।

The Parrot And The Mynah

You and me

Were parrot and myna

Perched on the branch of a tree;

Then one day

We came into the human-world

And thirsted for love ever since.

तोता और मैना

तुम और हम

एक पेड़ की डाल पर बैठे

तोता और मैना थे

फिर एक दिन

इंसानी दुनियां में आ गए

और प्यार को तरस गए।

Reality

If you

Have to see the candid picture of man

Then do not see the face,

For once , looking into his eyes

Descend into the heart,

That you, following this ,

Would not have the need

To look at his reality.

हकीकत

तुम्हें

इंसान की सच्ची तस्वीर देखनी हो

तो चेहरा मत देखना

एक बार उसकी आंख में झांकते हुए

दिल में उतर जाना

कि इसके बाद तुम्हें

उसकी हकीकत देखने की

जरूरत नहीं होगी।

Consciousness Of Reality

You were coming or

Were going

I did not know;

Discerning the sound of your footsteps

My heartbeats just

Rose to throbs beyond control ;

They were hardly conscious of the reality.

41

हकीकत का अहसास

तुम आ रहे थे कि

जा रहे थे

मुझे पता नहीं था

मेरी धड़कनें तो बस

तुम्हारे कदमों की आवाज

पहचान बेकाबू हो उठी थीं

इन्हें हकीकत का अहसास कहां था।

Wind Of The Times

I would call love

A madness .

Would

Cite the tale of the lamp and the moth;

What do I say ?

You are caught in the wind of the times

That

Love now

Is not in the likeness of love

And

The lamp

Lights not in the likeness of a lamp.

जमाने की हवा

मैं इश्क को

दीवाना कह देता

शमा और परवाने का किस्सा रख देता

क्या कहूं,

तुम्हें जमाने की हवा लग गई

कि

इश्क अब

इश्क की तरह नहीं होता

और

शम्मा

अब शम्मा बन कर कहां जलती है ।

There Ain't Vigils On A Dream

Come, let's go to the world of angels,

We'll chat a bit

We'll have a craving for fairies—

These dreams are extremely charming ;

But not is every a reality

It is a grace

That on a dream

There ain't vigils

And life

Is ever a flow of ease.

45

शुक्र है ख्वाब पर पहरे नहीं हैं

चलो फरिश्तों की दुनियां में चलते हैं

कुछ बातें करेंगे

परियों की तमन्ना कर लेंगे

बेहद खूबसूरत हैं ये ख्वाब

पर हर ख्वाब हकीकत नहीं होते

शुक्र है,

ख्वाब पर

पहरे नहीं हैं

और जिंदगी

आसान हुई जाती है।

Trust 1

What turn is this

Of love

In which there are questions everyday ;

There are answers .

And there is talk of trust; while

In the turns of vows

And testimony of the moon

There remains no trust.

भरोसा 1

ये कौन सा दौर है

मोहब्बत का

कि जिसमें आए दिन सवाल होते हैं

जवाब होते हैं ।

और भरोसे की बात होती है

वो कसमों के दौर

और चांद की गवाही

का भरोसा नहीं रहा ।

Trust 2

I have , I had

And shall ever trust love;

You, having assayed your trust

In front of a mirror,

Just toss your tresses

Before me

Even if

They turn grey from dark

The feeling in my heart

Shall sense no difference.

भरोसा 2

मुझे तो इश्क पर भरोसा है ,

था और रहेगा

तुम अपने एतबार को

आईने में परख कर

मेरे सामने

बस जुल्फ लहरा देना

वो काले से सफेद हो जाएं

तो भी मेरे दिल के अहसास

को

फर्क नहीं महसूस होगा ।

Only , It Remains To Be Seen

The flowers

Had nothing to do with love.

They merely smiled to see the dawn.

Its emotions , the human nature

Commingled in a manner that

Flowers became love , love becoming flowers.

He is but Human

Who by his emotions

Turns emotional

The rock , the river, the tree , and the mountain;

And he , too , is Human

बस इतना देखना बाकी है

फूलों को इश्क से ,

कुछ लेना देना कहां था ,

वे तो सुबह देख मुस्कुराने लगे थे।

इंसानी फितरत ने अपने जज्बात

कुछ इस तरह मिलाये कि ,

फूल इश्क हो गए , इश्क फूल हो गए

यह इंसान ही तो है

जो अपने जज्बात से ,

पत्थर , नदी, पेड़ और पहाड़ को

जज्बाती बना देता है ,

और वह भी इंसान है

52

Who , lost to emotions,

Turns into rock.

We , too are , Human - beings

Only , it remains to be seen

Of what kind ?

जो जज्बात को खो कर

पत्थर हो जाता है।

हम भी इंसान हैं बस इतना देखना बाकी है

कि कौन से ?

Keeps Me Away From Sleep

To land into your dreams

I embrace those crumples

Of bed and the sheet

That for long , in your remembrance

Keep me away from sleep .

सोने नहीं देती

जब उतरना होता है तेरे ख्वाब में

मैं बिस्तर और चादर की

उन सलवटों से लिपट जाता हूं

जो देर तक तेरी याद में

मुझे सोने नहीं देती।

56

Love

The effort

Made in quest of you

Amidst the lost moments of life –

Don't know why

People call it Love .

इश्क

वो जो

जिंदगी के खोए हुए लम्हों के बीच

तुम्हें ढूंढ लेने की कवायद है

न जाने क्यों

लोग उसे इश्क कहते हैं।

The Cosmos Sends You Forth

The cosmos

Is inhabited by people

Who teach Man

How to live

Within the bound of Time;

And the cosmos

Sends you forth

To convey the message

That Time

Knows no bounds .

कायनात तुम्हें भेज देती है

यह जो कायनात है

इसमें रहते हैं वे लोग

जो इंसान को

वक्त के दायरे में

जीना सिखाते हैं

और कायनात

तुम्हें भेज देती है

यह बताने के लिए कि

वक्त दायरे में नहीं

बंधा करता।

Effect Of Desires

That

Which everyday

Permeates my heart

Flickers as a dream

Is not the mere love for you;

It chances to be the effect of my prayer

And my desires .

तमन्नाओं का असर

वह

जो रोज

मेरे सीने में उतर जाता है

ख्वाब सा लहराता है

सिर्फ तेरी चाहत नहीं है

यह मेरी दुआ और

तमन्नाओं का असर ठहरा।

Moments

I lost countless moments of mine

In the folds of nearness with you;

That the yearning for which

Awakens me everyday .

लम्हे

न जाने कितने लम्हे

तेरे दामन में खो गए "मेरे"

कि जिसकी तमन्ना मुझे

रोज जगा देती है ।

Bid Life

As of now

My dreams are yet unfulfilled

Bid Life

That the time to advance

Is as in a pause.

उम्र से कह दो

अभी मेरे

ख्वाब अधूरे ठहरे

उम्र से कह दो

आगे जाने का वक्त

रुका हुआ सा है।

The Desire To Live

Becoming a book of tears

You could be bound within the heart;

Your smile

I have captured in my eyes

And in the heart

Have attenuated the desire

To live in tears.

जीने की तमन्ना

तुम आसुओं की किताब बन

दिल में कैद हो सकते थे

तुम्हारी मुस्कुराहट

मैंने आंखों में कैद कर ली

और दिल के

आसुओं में जीने की

तमन्ना अधूरी कर दी।

That Utterance

Once upon a time

Someone , some day

Said something to someone

And the matter

Ended there.

But no,

The matter did not end there;

That utterance

Thereafter , we repeated repeatedly,

The heart iterated a thousand times;

That ' utterance '

Grew to myriad imports .

वह "कहा"

कभी किसी ने

किसी दिन

किसी से

कुछ कहा

और वह

खत्म हो गया।

नहीं

वह खत्म कहां हुआ

उस कहे को

फिर बार बार हमने कहा

हजार बार दिल ने कहा

वह "कहा"

कुछ से कुछ हो गया।

Whoever gave ear

' He ' assumed an aspect afresh

But

The maiden speaker

Though he be now faceless

It is well remembered that ,

" He had said it".

What had he said ?

Only what repeatedly

We had been saying .

जिसने सुना "वह" कुछ हो गया

लेकिन

जिसने कहा था

उसका तो पता नहीं,

बस इतना याद रह जाता है

"उसने कहा था।"

क्या कहा था

वही जो बार बार

हम कहते रहे।

Confidence Of Being A Writer

The day you

Would comprehend

My composition

Sans perusal

That day

I

Would have the confidence

Of being a writer.

राइटर होने का भरोसा

जिस दिन तुम

मेरी लिखी हुई इबारत को

बिना पढ़े ही

समझ लोगे

उस दिन

मुझे

राइटर होने का

भरोसा हो जाएगा ।

74

Writer

I hear the silence

Hidden in your heart;

I am , therefore,

A writer .

राइटर

मैं तुम्हारे दिल में

छुपी हुई खामोशी सुन लेता हूं

इसलिए

राइटर हूं ।

You Are Great

I admit that

You are great

But

Are composed of

Electron , Proton and

Neutron put together .

बहुत बड़े हो

हमने माना कि

तुम बहुत बड़े हो

लेकिन

इलेक्ट्रान, प्रोटान और

न्यूट्रॉन से,

मिल कर बने हो ।

Senses Of Reality And Illusion

Life was scarcely

To pass in closeness with you;

The senses of reality and illusion

Went on to mutually clash

Sans reason

हकीकत और भ्रम के अहसास

ये जिंदगी कौन सी

तेरे दामन में गुजर जानी थी

बेवजह

हकीकत और भ्रम के अहसास

टकराते चले गए।

Your Smile

In the shade of my tears

There fell some flowers,

There descended some moons;

All this was not without reason;

Your smile had imbued

My heart .

तेरी मुस्कुराहट

मेरे आंसुओं के साए में

कुछ फूल आ गिरे

कुछ चांद उतर आए

सब कुछ बे वजह नहीं था

तेरी मुस्कुराहट मेरे सीने में

उतर आई थी ।

Practices Of The Times

I am determined

To transform Love

Into reality

And reality into a stream of Love;

Yet pardon me , O Lord

This is not the practice of the times.

जमाने के दस्तूर

मैं इश्क को

हकीकत

और हकीकत को

इश्क का

दरिया बनाने उतरा हूं

ऐ खुदा माफ करना

यह जमाने के दस्तूर नहीं हैं ।

Became God

With your lovely face

Folks of the earth

Were infatuated beyond reason;

A bit with a good name

And a measure of fame

You – an angel

Became God .

खुदा हो गए

तेरे चांद से चेहरे पे

धरती के लोग

बेवजह फिदा हो गए

थोडा नाम

थोडी शोहरत क्या मिली

तुम फरिश्ते थे,

खुदा हो गए।

Mark Of Collyrium

Put a mark of collyrium

On the forehead

Of this night ;

Today the moon

Has brightened it ever more

Than your countenance.

काजल का टीका

इस

रात को

काजल का टीका लगा दो

आज इसे चांद ने

तेरे चेहरे से कहीं ज्यादा

रोशन कर डाला है।

Longing To Live

Who says

That the longing to live

Is hidden in the heartbeats;

I just

Live by the longing

For a feeling of your heartbeats.

जीने की तमन्ना

कौन कहता है

जीने की तमन्ना

धड़कनों में छुपी होती है

हम तो बस

तेरी धड़कनों के अहसास की

तमन्ना में जिए जाते हैं ।

For Bread

Call not water

Those tears;

They are not saline too

That drop

From the eyes of a labourer

For bread.

रोटी के लिए

उन आंसुओं को

पानी मत कहना

वे खारे भी नहीं होते

जो किसी मजदूर की आंख से

रोटी के लिए

टपक जाते हैं ।

Fragrance Of Sweat

There you were

Entangled in the debate

On socialism and poverty;

Here

From the fragrance of the sweat

Of a labourer

Arose

A multi-storied edifice of progress

In the shadow of which

He is not permitted to sit down.

पसीने की खुशबू

तुम उधर समाजवाद

और गरीबी की बहस में

उलझे रहे

इधर,

एक मजदूर के

पसीने की खुशबू से

तरक्की की बहुमंजिली इमारत

उठ खड़ी हुई

जिसके साए में

उसे बैठ जाने की इजाजत नहीं थी।

At Your Door-Sill

Love had

The desire to immerse in the ocean ,

Had courage to fly in the sky;

Neither could it swim

Nor fly;

It just

Sat to ask for permit

To dream

At your door-sill.

तेरी चौखट पर

इश्क को

समंदर में डूब जाने की हसरत थी

आसमां में उड़ने का हौसला था

न उसे तैरना आता था

और न उड़ना

वह तो बस

तेरी चौखट पर

ख्वाब देखने की

इजाजत मांगने बैठा था।

Intentions

Say if someone beckons

That it is not a matter of time;

This day it is hard

To trust the intentions of folks

And I have shut the door upon friendship.

नीयत

कोई बुलाए तो कह देना

वक्त की बात नहीं है

आज लोगों की नीयत पर

भरोसा नहीं रहा

और मैंने दोस्ती बंद कर दी।

Toil

To keep you away from memory

Requires toil;

You are beyond remembrance

It is hard to unremember you.

मेहनत

तुझे याद आने से रोकने में

मेहनत करनी पड़ती है

तुम याद कहां आते हो,

तुम्हें भूलना मुश्किल होता है।

Hope

Why do I behold

Your face

When

There is hardly any hope

Of you being there.

उम्मीद

क्यों होता है तुम्हारा चेहरा

मेरे सामने

जबकि

तुम्हारे होने की

कोई उम्मीद नहीं होती।

Permission

I do not ask for corporality

Grant me the permission

To subsist

In the consciousness of your being.

इजाजत

मैं तुमसे जिस्म कहां मांगता हूं

मुझे

अपने अहसास में

जीने की इजाजत दे दो ।

Sans The Pen

Not is

Every reality penned;

Sans the pen a few realities

The heart is in a kind of practice

To peruse.

बिना लिखे

हर हकीकत

लिखी नहीं जाती

कुछ हकीकत बिना लिखे

पढ़ लेने की

आदत सी हो गई है

दिल को ।

Piece Of Ice

In the sea of your feel

I slip as

A piece of ice

That melts in a glass of whiskey.

बर्फ का टुकड़ा

तेरे अहसास के समंदर में

कुछ यूं उतर जाता हूं

जैसे व्हिस्की के ग्लास में

बर्फ का टुकड़ा पिघल जाता है।

People In Search Of Words

People in search of words

Amidst silences

Become writers

As

Holding poison in the throated

Lord Shiva becomes the Great Lord Mahadev;

Just as

Coming to the city from the village

Farmers

Turn into labourers;

We , passing out of college,

In offices

For salary

शब्द ढूढते लोग

खामोशियों के बीच

शब्द ढूढते लोग

राइटर हो जाते हैं

जैसे

जैसे हलाहल कंठ में रोक

शिव महादेव हो जाते हैं

कि जैसे

गांव से शहर आ कर

किसान

मजदूर हो जाते हैं ,

हम कालेज से निकल

आफिस में

सैलरी के लिए

Become a clerk

Whose ideology

Is just the one

That superficially

Seems to be audible

But has never been heard.

For , amidst silences

People searching for words

Become writers.

क्लर्क हो जाते हैं ,

कि जिसकी विचारधारा

बस वही होती है

जो ऊपर से

सुनाई देती प्रतीत होती है

कभी सुनी नहीं गई होती ।

क्योंकि खामोशियों के बीच

शब्द ढूढते लोग

राइटर हो जाते हैं ।

Man Of Pragmatism

The struggle that

Stands with prudence

Between awareness

And the need to live a life

Makes for a man

Of pragmatism.

व्यवहारिक आदमी

वह संघर्ष जो

चेतना और जीवन जीने की

आवश्यकता के बीच

समझदारी से खड़ा होता है

व्यवहारिक आदमी

बन जाता है।

Dreams Do Not See

The habit of perceiving reality

Amidst dreams

Comes to us in such a way

That

The dreams , even ere being dreamt

Are constricted to a limit,

And scarcely do we dream .

ख्वाब कहां देखते हैं

हमें ख्वाबों के बीच

हकीकत देखने की

आदत कुछ इस तरह हो जाती है

कि

ख्वाब अपने देखे जाने से पहले ही

दायरे में सिमट जाते हैं

हम ख्वाब कहां देखते हैं।

Strutting On The Branch

The ray

That alights with the shadow of someone

That , leaving the chariot of the sun

Descends with the illusion of gold

Gold that , oblivious of it's lustre

Shines with the radiance of the world

It's beauty

Is not unsurpassed.

The flower

That has blossomed by its own endeavour

Even though risen in the woods

Delights the entire world

डाल पर इतराता है

वह किरण

जो किसी की छाया ले कर उतरे

कि जो सूर्य के रथ को छोड़

कंचन की माया ले कर उतरे

जो स्वर्ण अपनी कांति भूल

संसार की आभा ले कर चमके

उसका सौंदर्य

अप्रतिम नहीं होता।

वह पुष्प जो

अपने ही प्रयास से खिला है

भले ही जंगल में उठा है

संपूर्ण जगत को

आह्लादित कर जाता है

Shows the way of struggle;

Be it small or big

On its branch

It assumes airs

It struts.

I am not pained that you have left

I am distressed at the loss of love

संघर्ष का मार्ग दिखाता है

छोटा हो या बड़ा अपनी

डाल पर इतराता है,

इठलाता है ।

Agony

That

Which is the habit of passing in intoxication

Is it

The desire to pervade your eyes.

दर्द

मुझे

तुम्हारे जाने का दर्द

नहीं

इश्क के खो जाने

का दर्द है।

With Time

If no one has to come

Or to go

Where is the need for a door ?

जरूरत

गर किसी को

आना और जाना ही नहीं है

तो दरवाजे की

जरूरत क्या है।

To Break The Locks

For reasons unknown

Now in the sky

There stands a need for doors

On sentiments , dreams and thoughts

Doors are to be seen.

That wooden frame that used to be

Is now seen transformed into ammunition

For , on the door are hung

CCTV cameras. I am set

To open such doors

To break the locks

The keys to the emotions of which

Are lost .

तोड़ने उन तालों को

न जाने क्यों ,

अब आसमां पर

दरवाजों की जरूरत ठहरी

जज्बात , ख्वाब और खयालों पर

दरवाजे नजर आते हैं ।

वो जो लकड़ी की चौखट हुआ करती थी

गोले बारूद में तब्दील नजर आती है,

क्योंकि दरवाजे पर सी सी टीवी कैमरे टंगे हैं ।

मैं खोलने उतरा हूं

ऐसे ही दरवाजों को

कि तोड़ने उन तालों को

गुम गईं हैं जिनके जज्बातों की

चाबियां ।

They Unite

Do not give

Your dreams to me

I don't know why

Your dreams

Unknowingly

Unite me

With you .

जोड़ देते हैं

तुम अपने ख्वाब

मुझे मत देना

न जाने क्यों

तुम्हारे ख्वाब

अनजाने ही

मुझे तुम से

जोड़ देते हैं।

My Possessions

Just think of

How a person lives

That he has

Nothing to live by;

Nothing of whatever he thinks

He possess .

He merely

Survives on

The feeling

Of having everything with him

Viz.,

My chattel , my pelf, my desires,my yearnings

My dreams ...

मेरा सामान

इक इंसान किस तरह जीता है

जरा सोच कर देखना

कि कुछ नहीं होता उसके पास

जीने के लिए,

कि जो जो वह सोचता है

अपने पास होने के लिए।

वह तो बस

सब कुछ अपने पास

होने के अहसास में

जिये जाता है।

जैसे कि

मेरा सामान , मेरी दौलत ,

मेरी हसरत , मेरी तमन्ना , मेरे ख़्वाब।

You Would Love Her

Certainly

You would love her

For once ,

Just see that

She sees you

With what hope and point of view.

You would love her

For once , just see that

She desires nothing but

Togetherness with you

You would love her

For once , just see that

Whatever she has done

तुम उसे प्यार करने लगोगे

यकीनन तुम उसे

प्यार करने लगोगे

बस एक बार

यह देख लो कि

वह तुम्हें

किस भरोसे और नजरिए से देखती है ।

तुम उसे प्यार करने लगोगे

बस एक बार यह देख लो

कि वह तुमसे कुछ नहीं चाहती

सिर्फ तुम्हारे साथ के

तुम उसे प्यार करने लगोगे

बस एक बार यह देख लो

कि उसने जो कुछ किया है

Has been just for your sake

You would love her

For once , just see that

You could not forsake anyone

And , for you

She came forsaking all .

You would love her

For once , just see that

How see weeps in solitude

And whom she does recall

When you and your kin

Comment unto her

And then

You would love her all the more

When you 'd observe that

सिर्फ तुम्हारे लिए

तुम उसे प्यार करने लगोगे

बस एक बार यह देख लो

कि तुम किसी को नहीं छोड़ पाए

और वह तुम्हारे लिए

सब कुछ छोड़ आई।

तुम उसे प्यार करने लगोगे

बस एक बार यह देख लो

कि वह अकेले किस तरह रोती

और किसे याद करती है

जब तुम और तुम्हारे परिवार के लोग

उसे कुछ कहते हैं

Even after your continuous addresses

To her the harsh way

How that image of stone

Melts away

When

Softly placing a palm of intimacy

On her head

You express a whit of faith

On her being

You see the viewpoint

Of her point of view of viewing you

You did not

Take her to be a human being

For , your eyes

Searched for every aspect

In her

और तब

तुम उसे और भी प्यार करने लगोगे

जब यह देख लोगे कि

तुम्हारे लगातार कुछ बोल कर सुनाते रहने से

वह पत्थर की मूरत

किस तरह पिघल जाती है

जब

हल्के से अपनत्व का हाथ

उसके सिर पर रख

तुम उसके सही होने पर

थोड़ा सा भरोसा जाता देते हो।

तुम उस नजरिए को देख लो

कि वह तुम्हें जिस नजरिये से देखती है

तुमने उसे

Except clues to her being a human being;

Alas,

To a man

Could a woman

Appear to be a human being.

इंसान कहां समझा

कि तुम्हारी निगाह

उसके भीतर

इंसान होने को छोड़

सब कुछ ढूंढती रही

काश कि

आदमी को

स्त्री भी

इंसा नजर आने लगे।

काश कि आदमी को

स्त्री भी

इंसा नजर आने लगे।

Time

That

Which stays

Is not time;

Times passes away

Imparting the skill of flight

To man,

That which stays

Is not time.

वक्त

वह

जो ठहर जाता है

वक्त नहीं होता

इंसान को

उड़ने का हुनर दे कर

वक्त गुजर जाता है

वह जो ठहर जाता है

वक्त नहीं होता।

The Voice

There is a voice in the hearts of us all

Yet , the question is

Whether we allow those voices

To issue forth from the heart

Or else

Create the options

Of its end there.

आवाज

आवाज तो हम सब के सीने में है

सवाल यह कि

हम उन आवाजों को

अपने दिल से बाहर आने भी देते हैं

या वहीं उसे

खत्म हो जाने का

विकल्प पैदा कर देते हैं।

Lover Of Beauty

The angels must be having you in rememberance

Wherefore have you vowed to be a mortal ?

Who is the mortal

That brought you to earth;

Is he just as me

A lover of beauty ?

Whenever I have peeped into your eyes

I have got a glimpse of life .

हुस्न का सौदाई

फरिश्तों को तेरी याद तो आती होगी ,

तूने इंसा होने की कसम क्यों खाई है

कौन है वो इंसा जो तुझे

धरती पे ले आया

क्या मेरी तरह वो भी

हुस्न का सौदाई है।

The Yearning To Have

I do not know why

To live

At your mercy

Is insufferable

To me ;

Many go on

To live

Taking this

To be affinity;

I wish

To live with you

At the point

Such as

पाने की तमन्ना

न जाने क्यों

तुम्हारी मर्सी के सहारे

जीना

मुझे

गवारा नहीं

बहुत से लोग

इसे ही

अपनत्व समझ

जी जाते हैं

मैं तो तुम्हारे साथ

उस बिंदु पर जीना चाहता हूं

कि

जहां तुम

Where you

Accept my being in a way that

The yearning

To have it

Is born again and again

Within you .

मेरे अस्तित्व को ,कुछ इस तरह स्वीकार करो

कि जिसे पाने की

तमन्ना

तुम्हारे भीतर

बार बार जन्म ले ।

The Permit

You are my dream;

Only permit

The dream to continue.

इजाजत

तुम मेरे ख्वाब हो

बस ख्वाब बने रहने की

इजाजत दे देना ।

Silent

I would call

Your memories a tale

Your chats a desire

And your dream

My life;

But alas

You pass through the soul

As a longing

And I

I remain to be silent .

खामोश

मैं तुम्हारी यादों को

किस्सा

बातों को हसरत

और तुम्हारे ख्वाब को

जिंदगी कह देता

क्या करूं

तुम रूह से गुजर जाते हो

तमन्ना बन कर

और मैं

खामोश रह जाता हूं।

The Wineglass

I name your form

An attire

Of beauty

I call you

The thirst of life ;

That which goes down the lips

Is scarcely the peg of desire;

That which passes through your breath

I call that

The wineglass.

गिलास

तुम्हारे जिस्म को

खूबसूरती का

लिबास कहता हूं

मैं तुम्हें

जिंदगी की प्यास कहता हूं

होंठों से जो उतरे वो

तमन्ना का जाम नहीं होता

जो तेरी सांसों से गुजर जाए

मैं उसे

गिलास कहता हूं।

Afar

You flaunt as a dream

In my eyes ,

Flutter as a bird;

O my Life

Even in nearness to me

Wherefore do you appear afar ?

दूर

तुम मेरी आंखों में

ख्वाब से लहराते हो

परिंदे सा मचल जाते हो

ऐ मेरी जिंदगी

मेरे पास हो कर भी

क्यों दूर नजर आते हो।

They Pine For Water

In the sea of your desire

There would surely be that water

That would quench

The thirst of life;

Else , the ships on the sea

Pine forever

For water to drink .

पानी को तरस जाते हैं

तेरी चाहत के समंदर में

वो पानी तो होगा

जिस से

जिंदगी की प्यास मिट जाए

वर्ना समंदर पर तैरते जहाज

पीने के

पानी को तरस जाते हैं

Your Form

The fragrance was in the flowers

And the wings

With the butterflies;

Had the Almighty

Created your form

From the essence

Of flowers and butterflies

That it flies

And wafts fragrant as well.

तेरे जिस्म को

खुशबू फूलों में थी

और पंख

तितलियों के पास

तेरे जिस्म को क्या

खुदा

फूलों और तितलियों को

निचोड़ कर बनाया है

जो उड़ता भी है

और महक जाता है।

Nests Of Birds

Had the nests of birds

Been nestled in the skies

These harvests

Would not have been on earth;

That , the way

The rays of the sun

Descend from the skies ,

Drops rain on the sea

Your form ,too,

Just like birds,

Descends upon

My form.

परिंदों के घोंसले

गर आसमां में

परिंदों के घोंसले होते

तो ये फसलें

धरती पे नहीं हुआ करती

कि जिस तरह

सूरज की किरने

आसमा से उतर आती हैं

बूंदें समंदर पे बरस जाती हैं

तुम्हारा जिस्म भी

परिंदों की मानिंद

मेरे जिस्म पे

बरस जाया करता

Tears

Who ever cherishes

The longing for tears ;

The desires

That fulfilment eludes

Are transformed into tears ?

आंसू

आंसूओ की तमन्ना

कौन करता है

वो तमन्नाएं जो

कभी पूरी नहीं होती

आंसू बन जाती हैं।

Alzheimer

There is no anxiety

No fear

Nor any desire;

Life flows on

With native surge ;

Is it that

The loss of our control

Over our own selves

Are signalling

The fact of controls being effected

From some other world

That we

अल्जाईमर

कोई चिंता

कोइ भय

कोइ चाह नहीं

बहने लगी है जिंदगी

अपनी रवानी से

कहीं ऐसा तो नहीं

हमारे खुद के

अपने ऊपर से छूट रहे नियंत्रण

संकेत दे रहे हों

किसी और ही दुनियां से

चल रहे नियंत्रण का

जिसे हम

Take to be

Sometimes a loss of memory,

And sometimes Alzheimer ?

कभी भूल जाना तो

कभी अल्जाईमर

समझ लेते हैं।

In The Docks

Even without judging

Within ourselves

The innate ability to be a judge ourselves

We all

In our own eyes ,

From our own viewpoint,

Were either found guilty

Or are eager to condemn

The apparently guilty offenders

To the harshest punishment

Under ' Instant Justice '

Without comprehending the provisions

Laid in the Book of Law,

कटघरे में

अपने भीतर

न्यायाधीश होने की योग्यता को

परखे बिना ही

हम सब

अपनी निगाह में

अपने ही दृष्टिकोण से

दोषी पाए गए

या दोषी दिखाई देते गुनहगारों को

बिना कानून की किताब के

प्रावधान समझे

इंस्टेंट न्याय के तहत

कड़ी से कड़ी

सजा देने को आतुर हैं।

यह भूल कर कि ,खुदा के दरबार में

Oblivious

Of the sentences of conviction

Served upon our crimes

Committed unknowingly,

In the court of the Almighty .

Could we be

Similar judges for our own crimes ?

At least for the crimes

That do not merit

Even a trial-court,

The crimes that in our own eyes

Have been putting us in the docks

For years on end.

171

हमारे अनजाने गुनाहों की

क्या सजा

मुकर्रर हुई है ।

क्या हम खुद के अपराधों के लिए भी

ऐसे ही न्याधीश बन सकते हैं ?

कम से कम उन गुनाहों के लिए

कि   जिन्हें ट्रायल कोर्ट की भी

जरूरत नहीं

जो हमारी अपनी ही निगाह में

हमें सालों से कटघरे में

खड़ा करते आए हैं ।

A Woman Does Not Say Everything

That woman

Have you seen her ?

Let it be

The person you are seeing,

And taking the act to be one of seeing,

See her carefully once

If it be possible

Try to see her

Right now ,do not talk of understanding

Despite being a human ,

You are still

Far from understanding her

स्त्री सब कुछ कहती नहीं है

वह जो स्त्री है

उसे तुमने देखा है क्या ?

जाने दो

तुम जिसे देख रहे हो

और देखना समझ रहे हो

उसे एक बार ध्यान से देख लेना

हो सके तो

देखने की कोशिश करना उसे

अभी समझने की बात मत करना

इंसान हो कर भी

अभी तुम

उसे समझने से बहुत दूर हो

वह जो स्त्री है

जिसे तुम देखने , समझने

That woman

Whom you claim

To see

To understand

And

To know .

For once

I doubt

Your seeing and knowing her;

If possible

At my instance , once more

See that woman

Lest

As you try to see her

She be already out of your life

और

जानने का दावा करते हो

मुझे एक बार तुम्हारे

उस देखने और जानने पर

संदेह होता है

हो सके तो

मेरे कहने के बाद एक बार फिर

देख लो स्त्री को

कहीं ऐसा न हो

जब तुम उसे देखने की कोशिश करो

वह तुम्हारी जिंदगी से जा चुकी हो

और तब तुम

सिर्फ उसके कदमों के निशा ख्वाबों

खयालों में ढूढते

अपनी उम्र गुजार दो

तब तुम्हारे पास

सिर्फ शिकायतें होंगी

And then , you

Pass your life

Just tracing her footprints

In dreams and thoughts;

Then , you'd have

Sheer complaints

Plentiful complaints

Then you'd

Go about accusing

Each and everyone

Only excusing yourself

There is still time

See the woman

If you can .

ढेर सारी शिकायते

फिर तुम

न जाने किस किस को

दोष देते फिरोगो

सिर्फ खुद को छोड़ कर

अब भी वक्त है

देख सकते हो तो

देख लो स्त्री को ।

क्योंकि

तुम जिसे अपने नजरिए से

जानते देखते सुनते और समझते हो

कम से कम वह स्त्री नहीं है ।

For

Whom you see , hear and understand

From your own viewpoint

She , at least , is not the woman .

For some time

You , at least ,

Would have to live

With her emotions and feelings

Because a woman

Does not say everything .

179

उसे देखने के लिए

कम से कम

तुम्हें कुछ देर ही सही

उसकी भावनाओं

व विचारों के साथ जीना होगा।

क्योंकि स्त्री

सब कुछ कहती नहीं है।

My Prayers

You , again ,in my veins

Flow , becoming an intoxication

How enlived are

My desires

In your heart ,

Or that

My prayers

Have begun to pay off .

Once more

Life pines

To breathe

In my veins

You are flowing

मेरी दुआएं

तुम मेरी रगों में फिर

नशा बन के बह रहे हो

क्या जी उठी हैं

मेरी तमन्नाएं

तुम्हारे दिल में,

कि क्या

मेरी दुआएं

रंग लाने लगी हैं।

क्या एक बार फिर

जिंदगी सांस लेने को

तड़प उठी है,

तुम मेरी रगों में

नशा बन के

बह रहे हो

Becoming an intoxication

In my breast

The stilled heartbeats are in rhythm again

In my breath the heat is on the rise

Voice falters

There is stupor in my eyes

The radiance

Of your face

Heightens to mine

That I have got

Your face

In my hands

My lips are moving

Towards yours

As if

मेरे सीने में

थमी हुई धड़कनें चलने लगी हैं

मेरी सांसों में गर्मी उठने लगी है

आवाज लड़खडा जाती है

मेरी आंखों में नशा है

बढ़ रही है लाली

तुम्हारे चेहरे की

मेरे चेहरे पर

कि भर लिया हैं

मैंने तुम्हारे चहरे को

अपने हाथों में

बढ़ रहे हैं मेरे होठ

तुम्हारे होठों की ओर

कि

They would drink

The vine-sap of mahua

Oozing out

Of your body ,Will squeeze you

With an embrace

Like a crazed inamorato

That today in my veins again

You flow as inebriation

To extricate

Me

From the feel of a fatigued life

For a life anew

That is free of all bondages

Being in pure freedom;

That today in my veins again

You flow as inebriation .

जैसे पी लेंगे

तुम्हारे बदन से

बह रहे

महुए का रस

निचोड़ लेंगे तुम्हें

अपनी बाहों में भर कर

किसी बहके हुए दीवाने सा

कि आज फिर तुम मेरी रगों में

नशा बन के बह रहे हो

मुझे

थके हुए जिंदगी के अहसास से

बाहर निकाल

एक नई जिंदगी देने के लिए।

एक नई जिंदगी देने के लिए ।

जो तमाम बंधनों से मुक्त है ,उन्मुक्त है ।

I Feel Scared

Looking into the mirror of life

I feel scared

O Life

Now I feel scared to see you

Scared do I feel

Seeing the pace of times

And it gives me a scare

To see the lot of time.

O my dear one

Breathing inside my heart

Now I am scared

Even to converse with you

I am scared

Of my dreams and thoughts

डर लगता है

जिंदगी का आईना देख कर

डर लगता है

ऐ जिंदगी

अब तुझे देख कर डर लगता है।

डर लगता है मुझे

जमाने की चाल देख कर

और डरता हूं

वक्त का हाल देख कर।

ऐ मेरे दिल के भीतर

सांस ले रहे दोस्त

अब तो तुमसे बात करने में भी

डर लगता है।

मुझे डर लगता है

अपने ख्वाबों और खयालों से

मैं डर जाता हूं

I am scared

Of my own emotions

Now I am scared

To call anyone my near and dear

And I am scared

To think of anyone of my own

In whatever state

To be a stranger

How many people remain

Who are close to the heart

Therefore , I am scared

To get someone

I am scared to lose someone

To be true , now

अपने ही जज़्बातों से

अब तो किसी को

अपना कहने में डर लगता है

और डर लगता है

किसी अपने को

किसी हाल में

पराया समझ लेने में

लोग बचे ही कितने हैं जो

दिल के करीब हों

सो किसी को पाने में

डर लगता है

किसी को खोने में डर लगता है

सच कहूं तो अब

जीने में डर लगता है

और फिर न जी पाने के हौसले से

डर लगता है। मुझे अब

I feel scared to live

And then , of the courage of inability to be

I feel scared .

I , now ,

Feel scared of the mirror

Of being myself

I feel scared .

O friend ! If you can ,do hold my hand

Inside the heart

I am so lonely that

Now of the thought

Of sundry happenings

I feel scared .

आईने से डर लगता है

खुद के होने से

डर लगता है।

ऐ दोस्त हो सके तो हाथ पकड़ लो

दिल के भीतर

इतना अकेला हूं कि

अब तो मुझे

कुछ हो जाने के ख्याल से

डर लगता है।

You Witness My Breakdown

You shall be in fear the day,

The day that

You witness my breakdown

And will be shocked

The day

When , following this breakdown,

You find me rising to run

Somewhat in the manner

As if

The day bygone

Was not a part

Of my life

That wherein

I had broken down , to fall apart .

मेरा टूटाना देखोगे

डर जाओगे उस दिन

जिस दिन

मेरा टूटाना देखोगे

और चौंक जाओगे

उस दिन

जब इस टूट के बाद

मुझे उठ कर दौड़ता पाओगे

कुछ इस तरह कि

जैसे

बीता हुआ कल

मेरी जिंदगी का

हिस्सा नहीं था

कि

जिसमें मै टूट कर बिखरा था।

After Being Killed

How shall I tell you

O friend

When you smile

You slay me

And when you speak

You kill me

And it is my spirit that

After being killed everyday

I rise alive

From my own ashes

Like Phoenix

कत्ल होंने के बाद

क्या कहूँ तुमसे

ऐ दोस्त

जब मुस्कुराते हो तो

जान ले लेते हो

और जब बोलते हो तो

खून कर देते हो

मेरी भी हिम्मत है कि

रोज कत्ल होंने के बाद

फीनिक्स की तरह

अपने ही राख से

जी उठता हूँ।

Passion And Character

There is a lover inside me

Who is he , I do not know

Yet , just this I know that

He ,who is the lover inside me,

Imparts me life .

Whom does he love

Is irrelevant .

I achieve life

From the passion

Of love hidden inside my self

And not from its character

Character is not so eminent

As Love is.

जुनून और कैरेक्टर

मेरे भीतर कोई इश्क करता है

कौन है नहीं जानता

हां इतना जानता हूँ

वह जो मेरे भीतर इश्क करता है

मुझे जिंदगी देता है।

यह बात इरिलीवेंट है कि

वह किस से इश्क करता है।

मुझे जिंदगी

मेरे भीतर छुपे इश्क के

जुनून से मिलती है

उसके कैरेक्टर से नहीं ।

कैरेक्टर उतना बड़ा नहीं होता

कि इश्क जितना बड़ा होता है।

इश्क कैरेक्टर के भीतर से गुजरते हुये

Passing through the character

Love creates passion;

Passion does not beget character.

इश्क कैरक्टर के भीतर से गुजरते हुये

जुनून पैदा करता है।

जुनून कैरेक्टर नहीं पैदा करता।

Time

You knock

At the door of desires

In the head and heart

There is hardly anyone

Who would get up

To open the door

Don't expect

Emotions

To get up

To embrace you

They are not patient

As human beings

वक्त

तुम तमन्नाओं के दरवाजे पे

दस्तक देते हो

दिलो दिमाग के भीतर

कोई इंसान कहां रहता है

जो उठ कर

दरवाजा खोल दे

तुम जज्बात से

उम्मीद मत करना कि

उठेंगे

तुम से लिपट जाने को

वो इंसानों की तरह

पैशनेट नहीं होते

तुम उम्र में आते हो

They are just

Subsisting in their stupor

Your come into life

And emotions lifelong just

Sleep , wrapped in

A sheet of green velvet

They

Are oblivious

Of the time

That

Fills life with

The radiance of the sun

From the sky

वो तो बस

अपने सुरूर में जिये जाते हैं

तुम उम्र में आते हो

और जज़्बात ताउम्र बस

हरे मखमल की चादर में

लिपट के सोते हैं।

उन्हें

उस वक्त का

पता ही नहीं चलता

जो

आसमां से

सूरज की लाली

उम्र में भर देता है

Raises to maturity

You within yourself

And then you

Hesitate to meet me

For you

Comprehend time with age

You grow up

From emotions

You become a physical form

For

When you

Co-exist with me

You are scarcely a physical form

Then your form , too ,

Is the form of emotions,

तुम्हें तुम्हारे ही भीतर

तुमको उठा कर बड़ा कर देता है

और तब तुम

मुझसे मिलने में संकोच करते हो

क्योंकि तुम

उम्र के साथ वक्त को जानते हो

बड़े हो जाते हो

जज्बात से

जिस्म बन जाते हो

To which makes no difference

The feel of my physical touch

For , the feeling is

The wealth not of the body

But of the head and the heart

That subsists even outside

The realm of its being or non-being

The body , for a short while ,

Becomes a feeling ; just for a short time

Becomes consciousness .

क्योंकि

जब तुम

मेरे साथ जीते हो

तो जिस्म कहां होते हो

तब तुम्हारा जिस्म भी

जज़्बात हुआ करता है।

जिसे मेरे छू लेने के अहसास से

फर्क कहां पड़ता है

क्योंकि अहसास

जिस्म नहीं

दिलो दिमाग की दौलत है

जो उसके होंने या न होंने से बाहर

जी लेता है।

जिस्म तो बस थोड़ी देर

अहसास बन जाता है ,बस थोड़ी देर अहसास बन जाता है।

Spiritual Forces

Spiritual forces

Come to me everyday

To snatch you

Away from me

To win you over

They

Tear apart my body

Rend my heart asunder

My blood

They drink

Even after that

Whenever they find

You near me

रूहानी ताकते

रूहानी ताकतें

रोज मेरे पास आती हैं

तुम्हें

मुझ से छीनने

तुम्हें पाने को

वो

मेरा जिस्म चीर देती हैं

मेरे दिल को फाड़ देती हैं

मेरे लहू को

पी जाती हैं

इसके बाद भी

जब वो तुम्हें

मेरे पास पाती हैं

They are amazed

And , with a smile , I tell them

That you are not a body within me

That someone could

Rend apart to take away

Has anyone , till date

Has seen the fervour of life ?

You , residing within me ,

Are the fervour of my life

That is evident

Neither in the blood

Nor in my body

Somewhere it is seen

That the existence of the fervour

Is inherent in my not being there;

तो हैरत में पड़ जाती हैं

और मैं

उन्हें मुस्कुरा कर कहता हूँ

तुम मेरे भीतर जिस्म नहीं हो

कि जिसे चीर

कोई ले जाये

आज तक किसी ने

जिंदगी के नशे को देख है क्या ?

तुम मेरे भीतर बसे हुए

मेरी जिंदगी का सुरूर हो

जो

न लहू में दिखाई देता है

न मेरे जिस्म के भीतर

कहीं नजर आता है ,

कि सुरूर का वजूद

मेरे न होंने में है

When you are there

Where am I ?

And , when I am there

Where are you ?

And therefore

The spiritual forces that are

They tear me apart , but

They fail to find you , and

In this way , in your quest

Everyday

They come to me

Everyday they come .

जब तुम होते हो

तो मैं कहाँ होता हूँ

और जब मैं होता हूँ

तो तुम कहाँ होते हो ।

और इसीलिए

ये जो रूहानी ताकते हैं

मुझे चीर देती हैं लेकिन

तुम्हें नहीं ढूढ़ पाती और

इस तरह तुम्हारी खोज में

हर रोज मेरे पास

चली आती हैं

हर रोज चली आती हैं ।

Your Spirit

You

Are caged as a desire

In my head and heart

And in my running breath

You who are hardly seen

Your form ,

As visible to the world

Is incomplete

For , your being

I have

Gathered up within myself.

I know

The impulse within you that surges

24*7

तुम्हारी रूह

तुम

दिलो दिमाग और

मेरी चलती हुई साँसों में

किसी तमन्ना से कैद हो

जो नजर नहीं आते

दुनियां को दिखाई देता तुम्हारा जिस्म

अधूरा है

क्योंकि तुम्हारे होंने के वजूद को

मैंने

अपने भीतर समेंट रक्खा है।

मैं जानता हूँ

वह जो तुम्हारे भीतर

24 *7

मुझ से मिलने की लहर उठती है

To commune with me ,

Short of this communion

Leaves your being

Incomplete

And hence you

Just roam around the world

Carrying your physical form;

Your spirit

Is immersed within me .

वह बिना मुझ से मिले

तुम्हारे वजूद को

मुक्कमल नहीं करती

और इसलिये तुम

जमाने में

बस शरीर लिए फिरते हो

तुम्हारी रूह तो

मेरे भीतर समाई हुई है।

Aspects Of Affluence

People who

Wish occupation

Even over emotions

How could they allow

The life and form of Man

To stay alive .

Hence you see

Not men , but

Moving corpses

In the town.

In the pile of relationships

Is to be felt

Not the fragrance of feeling

But aspects of affluence .

दौलत के पहलू

जो लोग

जज़्बातों पर भी

कब्ज़ा चाहते हैं

वे इंसान के शरीर और ज़िंदगी को

भला

कैसे जिंदा रहने देते ।

इसलिए शहर में तुम्हें

इंसान नहीं ,

चलती फिरती लाशें

नजर आती हैं

रिश्तों के ढेर में

अहसास की खुशबू नहीं

दौलत के

पहलू दिखाई देते हैं ।

Your Picture

That picture

Of you

Encaged in a kurta

Where your lips

Are seen to be red

And the eyes

Drowned in dreams

Wherein you

Appear to be

A nymph of beauty

And not a mortal;

That image is enshrined

In my heart , as of yore,

तुम्हारी तस्वीर

वो जो

दिल में कैद है

तुम्हारी तस्वीर

कि जिसमें तुम्हारे होंठ

लाल नजर आते हैं

और आंखे

सपनों में डूबी हुई

कि जिसमें तुम

हुस्न की परी की

मानिंद नजर आती हो

इंसान नहीं,

वह मेरे दिल के भीतर

Even after your becoming a mother;

The image in which you ,

Carrying your form

One day

Became a human being

From being a nymph,

From a soul

You became a physical form .

तुम्हारे मां बन जाने के बाद भी

वैसे ही कैद है ,

कि जिस में

तुम शरीर को ढोते हुए

एक दिन

परी से

इंसान हो गई ,

रूह से

जिस्म बन गई।

My Being

That

Which perplexed you as a form

Was

To my eyes

Not a form at all

Living ever in your desire

That became my being

With me

You lived in a form

And I turned into

A spirit with you .

मेरा वजूद

तुम जिसे जिस्म सोच कर

घबरा गए

वह

मेरी निगाह में

जिस्म था ही नहीं

तुम्हारी चाहत में जीते जीते

वह मेरा वजूद हो गया था।

तुम मेरे साथ

जिस्म में जी रहे थे

और मैं तुम्हारे साथ

रूह हो गया था।

How Could I Detach

You were never in love

I was

And then

' You' lifelong

Sought to rid yourself of me

I was love lorn

When had been in attachment consciously

That I would detach myself now .

You are not in love

Even then you

Continue to live

By endeavours to detach .

छोड़ता कैसे

तुम्हें इश्क नहीं हुआ

मुझे इश्क हो गया

और फिर

ताउम्र "तुम"

मुझ से दामन छुड़ाते रहे

मुझे इश्क हुआ था

मैंने दामन पकड़ा ही कहाँ था

छोड़ता कैसे ।

तुम्हें इश्क नहीं है

फिर भी तुम

दामन छुड़ाने की

कोशिश में जिये जाते हो ।

The Feeling

Let it be

But just say

Whence did the feeling come

To you

That someone has wept

In your embrace

That

Even after his having gone away

You are seen to attempt a riddance

Oh , someone who is nowhere about

The feeling of his hands

Touching your frills

This feeling that you feel

अहसास

जाने दो

बस इतना बता दो

तुम्हारे भीतर

यह अहसास कहां से आया

कोई तुम्हारे दामन से

लिपट के रोया है

कि

जिसके गुजर जाने के बाद भी

तुम दामन छुड़ाते नजर आते हो।

अरे जो कहीं है ही नहीं

उसके हाथों तुम्हारे भीतर

अपने दामन को

छूते रहने का अहसास

Is it not the longing

For lost love

Inside you .

कहीं तुम्हारे भीतर

इश्क की खोई हुई

तमन्ना तो नहीं है।

I Desired To Be

I set a desire

To subsist in a picture

What to do

The dread of reality

Was quite enormous.

जीने की तमन्ना कर ली

एक तस्वीर में

जीने की तमन्ना कर ली

क्या करूं

हकीकत का खौफ

बेहद बड़ा था।

The Knowledge Of Being

The entire life

I would not have known

The fact of my being

Had you not

Left me alone

अपने होंने का पता

तमाम उम्र मुझे

अपने होंने का

पता नहीं चलता

गर तुम मुझे

अकेला न छोड़ गए होते ।

I Was Not Left Alone

I was not left alone

By your deserting me ;

You too

Were not lonesome

By leaving me alone;

Neither have you left me alone

Nor did I

Leave you lonely;

Every image of life

As apparent

Is not true .

मैं अकेला नहीं हुआ

तुम्हारे छोड़ देंने से

मैं अकेला नहीं हुआ

तुम भी तो

मुझे छोड़ कर

अकेले कहां हुए

न तुमने मुझे छोड़ा है

और नही मैंने तुम्हें,

 जिंदगी की हर तस्वीर

जो दिखाई देती है

हकीकत नहीं होती ।

The Hope To Live A Life

The hope to live a life

Is seen to be in your eyes

Rising every morn

I embellish the mirror

With your eyes;

Whenever I eye my eyes,

For reason unknown ,

I see your eyes ;

For the hope to live a life

Is seen to be in your eyes .

जिंदगी जीने की उम्मीद

जिंदगी जीने की उम्मीद

तेरी आँखों में नजर आती है

और मैं तेरी आंखें

सुबह उठते ही

शीशे में सजा लेता हूँ

जब भी देखता हूँ अपनी आंखें

न जाने क्यों

तेरी आंख नजर आती है।

क्योंकि जिंदगी जीने की उम्मीद

तेरी आँखों में नजर आती है।

I Cannot Even Say This

I miss you very much;

Eyes are moist

For,

I cannot even say this to you

That

I miss you very much .

यह भी नहीं कह सकता

तुम याद आते हो

आंखें नम हैं

इसलिये

कि

अब तुमसे

यह भी नहीं कह सकता

कि

तुम याद आते हो।

The External Clamour And Tumult

Like an extremely quiet person

I rise up

When I see

Within myself

The rising radiance

In my vicinity ;

I know

That by this 5-star meal

Hunger will not be satisfied

For me to be sated

I shall have to have just the plane

Boiled rice .

बाहरी हंगामे और शोर

एक बेहद खामोश इंसान की तरह

उठ खड़ा होता हूँ

अपने भीतर

जब देखता हूँ

बढ़ती हुई चमक

आस पास ,

मैं जानता हूँ

इस 5 स्टार के भोजन से

भूख नहीं मिटेगी

मुझे तृप्त होने के लिए

कहीं सादा

उबला दाल चावल खाना होगा।

I know

As soon as I am home

My soul

Free of

These silken apparels

Would be restless

For cotton clothes .

I know

As soon as I am in the bed

I will have to switch off the neon lights

Blazing reasonlessly

In my eyes .

I know that

इन रेशमी कपड़ों से

मुक्त हो

सूती कपड़ों के लिए

अकुलाने लगेगी।

मुझे पता है ,

बिस्तर पर जाने के बाद,

मुझे अपनी आंखों में

अकारण ही तेज रोशनीं में जल रही

नीयोंन लाइटें बुझानी होंगी।

मुझे पता है कि

मेरा निर्द्वंद अस्तित्व

वाह्य तालियों की गड़गड़ाहट और प्रशंसा के

धुएं में

बहुत देर नहीं ठहर सकता ।

मुझे पता है ,

My unrivalled being

Will not stand long

The smoke of

Encomiums

And the thunder of extraneous claps .

I know

These external

Clamour and tumult

Are sheer means to transport me

Away from the sentiment of being myself ;

Like excuses to unremember

One's longing to live .

यह जो बाहरी

हंगामे और शोर हैं

मुझे खुद के अपने होंने के भाव से ,

दूर ले जाने के साधन भर हैं ।

अपने जीने की तमन्ना को

भुला देंने के बहाने जैसे ।

The Docks Of Thought

When timely or untimely,

We within ourselves

For reasons unknown,

Put ourselves

In the dock

Why do we forget

That this dock ,too,

Is an unbreakable ,

Wall of reticulation

Raised by our own thoughts ,

Of which , for centuries

We have been hearing and reading

चिंतन के कटघरे

वक्त बे वक्त

हम अपने ही भीतर

न जानें क्यों

खुद को कटघरे में

खड़ा कर देते हैं

क्यों भूल जाते हैं

यह कटघरे भी

हमारे अपने ही विचारों से

खड़ी हुई जाली की

अटूट दीवार है।

जो सदियों से

हम देख सुन और पढ़ रहे हैं

And for time immemorial

Those very thoughts of freedom

Become the docks

Of our thoughts .

न जाने कब और कैसे

वे मुक्ति के विचार ही

अपने ही चिंतन के

कटघरे बन जाते हैं ।

To The Sea

To an extant thirst

Would be of that sea too

In which rivers

Come to a confluence

And the sea remains as it was;

The rivers have to lose sweetness

And the sea

Has to remain saline

' For the sake of the rivers '

Or else

For its own

Survival .

समुंदर को

कुछ तो प्यास

उस समंदर की भी होगी

कि जिसमें नदियां

आ के गिरती हैं

और वह जस का तस बना रहता है,

नदियों को मिठास खोंनी है ,

और समुंदर को

खारे बने रहना है

''नदियों के लिए''

या फिर

अपने अस्तित्व को

बचाये रखने के लिए।

Identity

Do you not feel that we

Gradually

Getting down into

The sea of identity

In a way thar

Every identity

Remains becoming a sheer sea

And no one remains have an identity

Such as sites like Facebook ,

Twitter , Instagram

That are great seas themselves

Gathering up

Lots of

पहचान

तुम्हें नहीं लगता कि

हम

धीरे धीरे

उतरते जा रहे हैं

पहचान के समुद्र में

कुछ इस तरह कि

हर पहचान

बस एक समुद्र बन कर रह जाए

और किसी की कोई पहचान न रहे।

जैसे फेस बुक , ट्विटर,

इस्टाग्राम जैसी साईटें

कि जो खुद महा समुद्र हैं

ढेर सारे

Gems , battle-ships and submarines

But in this

All are

Bereft of identity .

रत्न ,युद्ध पोत और पनडुब्बियों को समेटे

किसी की

कोई पहचान नहीं है।

You Are Not There

Certainly one day

There would be dream and desire

In your eyes

And fragrance in my breath

One day I

Will appear handsome

Becoming your love

And then

I

Will see you in anguish

Just as I suffer today .

Time , too , is strange

तुम नहीं हो

यकींनन एक दिन

तुम्हारी आँखों में

ख्वाब और तमन्ना होगी

और मेरी सांसों में खुशबू

एक दिन मैं

खूबसूरत नजर आऊंगा

तुम्हारी चाहत बन कर

और तब

मैं

तुम्हें वैसे ही तड़पता देखूंगा

जैसे आज मैं तड़पता हूँ।

यह वक्त भी अजीब है,

When you be in anguish

I wouldn't be there

Just as , amidst my agony today

You are not there.

261

जब तुम तड़प रहे होंगे

तो मैं नहीं हूँगा

जैसे कि आज मैं तड़प रहा हूँ

और तुम नहीं हो ।

Time Remains Immutable

I am down to pen a passage on Time

My vision holds

The smile of your eyes

In captivity

I see

The faltering

Of your tongue and lips

And I observe

Your heartbeats

Racing

And in the end

Is to be seen

वक्त नहीं बदला

मैं वक्त की इबारत लिखने उतरा हूँ ,

मेरी निगाह में

तुम्हारी आँखों की

मुस्कुराहट कैद है

मैं देखता हूँ

तुम्हारी जुबान और

होठों का लड़खड़ाना

और देखता हूँ

तुम्हारी धड़कनों का

तेज चलना

और आखीर में

नजर आती है

Your helplessness;

Even after passage of centuries

Time remains immutable.

तुम्हारी बेबसी

सदियां बीतने के बाद भी

वक्त नहीं बदला ।

Wait ! I Have Just Begun To Be

Wait ! I have just begun to be

Wait !

Why do gather near me

A crowd of despair ?

You gather

Means to appal me

Wait !

Why are you bent

On making me realize

The fact of reality?

Why do you disclose to me my age?

Wait !

ठहरो अभी तो जीना शुरू किया है

ठहरो

क्यों मेरे आस पास

निराशा की भीड़ खड़ी करते हो

मुझे डराने के साधन

एकत्र करते हो

ठहरो

क्यों मुझे हकीकत

का अहसास कराने पर

आमादा हो

क्यों मुझे उम्र बताते हो ,

ठहरो

Let me bathe

In the sea of zeal

Within me

Allow my wings

The flight of fantasy

Let me stumble

Let me screech with joy

Let me aspire

To reach our to the stars , to the moon

Let me be in love wildly

Let me go

To the fete and fair

To the gamesome swings and squabbles

Wait !

मुझे अपने भीतर

उमंगों के समंदर में

नहाने दो

मेरे पंखों को

कल्पना की उड़ान भरने दो

मुझे लड़खडा कर चलने दो

मुझे किलकारी भरने दो

चांद तारों को

छूने की तमन्ना रखने दो

मुझे बेतहाशा इश्क करने दो

जाने दो मुझे

मेले और ठेले में

झूले और झमेले में

ठहरो

Burdening me with

Numerous

Canons of morality

Why do you deprive me

Of my natural rights

Who said

That I cannot go to a college

Who says

That I cannot drive a bicycle

I still know how to get drenched in rain

How to smile and how to laugh

I know how to live up to friendship and love

I have the knack of false promises and,

I have a hand for

Sitting hand in hand on the embankment

मुझ पर

ढेर सारे

नैतिकता के नियम लाद कर

क्यों छीनते हो मुझ से

मेरे नैसर्गिक अधिकार

किसने कहा कि

मैं कालेज नहीं जा सकता

कौन कहता है

साईकिल नहीं चला सकता

अभी मुझे बरसात में भीगना आता है

हंसना और खिलखिलाना आता है

मुझे दोस्ती और प्यार निभाना आता है ,

आता है झूठी कसमें खाना और

हाथ पकड़ कर

पुलिया पर बैठना आता है

Even to this day , green grass is my bed

I am deft in building houses of sand.

Wait !

I know creating Facebook account

I am capable of strolling

I know picnicking

With pencil colour

I can draw flowers and leaves.

I know quarrelling

I know obstinacy

Be displeased , I shall appease

I know recreation

I can play Snake and Ladder

I can play ludo.

आज भी हरी घास मेरा बिस्तर है

मुझे रेत के घरौंदे बनाना आता है ।

ठहरो

मुझे फेसबुक अकाउंट बनाना आता है

मुझे घूमना आता है

पिकनिक मानना आता है

मुझे पेंसिल कलर से

फूल पत्ते बनाना आता है ।

मुझे लड़ना आता है

जिद करना आता है

रूठो तो मनाना आता है

मुझे दिल बहलाना आता है

सांप और सीढ़ी आती है

लूडो खेलना आता है,

Wait

Why do you consider my hairs

From your own viewpoint ?

You look for evidences of age on the face

Why does my routine check-up

And medicines worry you

Why do you teach me

To sleep and to get-up on time

I know lap-top operation

I can conduct e-transactions

I can set UPI

I can very well wear jeans

I know how to be in a gym.

Wait !

I have now

ठहरो

क्यों मेरे बालों को

अपने नजरिए से देखते हो

चेहरे पर उम्र के निशान ढूढते हो

क्यों सोचते हो मेरे रूटीन चेकअप और

दवा के बारे में

क्यों मुझे वक्त से सोना और जागना सिखाते हो

मुझे लैपटॉप चलाना आता है

मुझे ई ट्रांजेक्शन आता है

यू पी आई सेट करना आता है

मुझे जींस पहनना आता है

जिम करना भी आता है

ठहरो

अभी मेरे पास

The company of life ,

The support of friends

Wait !

I have

Company , have craving

I have the peg , and the effect

Wait !

You draw me away from

The feeling of being in life

Oh wait ! I have just begun to be .

जिंदगी का साथ है

मेरे चाहने वालों का हाथ है

ठहरो

मेरे पास

महफिल है, तमन्ना है

नशा और जाम है

ठहरो

मुझे जिंदगी जीने के

अहसास से ले जाते हो

ठहरो -अरे अभी तो जीना शुरू किया है।

Restlessness

I am so obsessed with

The passion for life

That I am restless

To live the entire life

In just a moment.

बेकरारी

जिंदगी जीने का जुनून

कुछ इस तरह तारी है

लगता है तमाम उम्र

बस एक पल में

जी लेने की बेकरारी है।

Closeness

That I came with an agony

Life became restless

To be

In your arms

Forgetting that

Agony is born of closeness

Of the closeness to which we constrict.

दामन

एक दर्द ले के क्या आए

जिंदगी तेरे दामन में

सिमटने को

बेताब हो उठी

यह भूल कर कि

दर्द भी दामन से उठा करता है

कि जिस दामन में हम सिमटते हैं।

Art of Living Is To Be Learnt

In the solitude of the heart

The art of lighting a lamp is to be learnt

O Life ! I have to learn from you the art of living.

The art of losing is to be learnt

On an achievement , the art of restraint is to be learnt .

Though one may be a man of myriad capabilities

The art of exposition of art is to be learnt.

The art of raising tears is to be learnt

a little bit

The art of shedding the tears is to be learnt a little bit .

The art of being humane is to be learnt a little bit

A little bit of the art of keeping away from bestiality is to learnt

जीने का हुनर सीखना है

दिल की तन्हाई में

एक दीप जलाने का हुनर सीखना है ,

मुझे ऐ जिंदगी तुझेसे , जीने का हुनर सीखना है ।

कुछ खोने का हुनर सीखना है

कुछ पाने पर , संभलने जाने का हुनर सीखना है।

वैसे तो हर शख्स ढेरो हुनर रखता है ,

कैसे होता है मुजाहिरा हुनर का , हुनर सीखना है।

कुछ आंसू उठाने का हुनर सीखना है ,

कुछ ठहरे हुए आंसू गिराने का हुनर सीखना है।

कुछ इंसानियत निभाने का हुनर सीखना है

कुछ हैवानियत से बच जाने का हुनर सीखना है।

The art of suppressing the pain lurking in the heart is to be learnt

And I have to learn the art of sharing the pain of those in sorrow.

Though there remains life for learning

I have just to learn the art of safeguarding life.

To be learnt is the art of getting lost in your eyes.

दिल में छुपे दर्द दबाने का हुनर सीखना है ,

और मुझे दुखियों के दर्द उठाने का हुनर सीखना है।

वैसे तो सीखने को उम्र पडी है

मुझे तो बस उम्र बचाने का हुनर सीखना है।

तेरी आँखों में खोने का हुनर सीखना है ।

Compassion

When I have the sense of

The wings of a butterfly,

The dance of a peacock , and the fragrance of flowers

The I realise that

You breath within me,

Otherwise compassion

Lies buried as a rock in the breast.

संवेदना

जब मुझे तितली के पंख ,

मोर के नृत्य और फूलों की खुशबू का अहसास होता है

तो समझ जाता हूँ

तुम मेरे भीतर सांस ले रहे हो

वरना संवेदना

किसी पत्थर सी सीने में दफ़न रहती है।

In The Shade Of Peace

In this world

Let us move out of the bazaar of longings

To inculcate the habit of living

In the shade of peace,

For , very short is this life

If I be in your company;

For , Time and Life

Are indeed one and the same;

Time is beyond notice in your company,

See how

A lifetime has passed

Thinking of you , being with you .

सुकून की छाँव में

चलो इस दुनियां में

तमन्नाओं के बाजार से निकल कर

सुकून की छाँव में

जीने की आदत बना लें ,

कि बहुत छोटी है ये जिंदगी

अगर तुम मेरे साथ हो ,

क्योंकि जिंदगी और वक्त , एक ही तो है ,

तुम्हारे साथ वक्त कहाँ पता चलता है

देखो न कैसे ,तुम्हें सोचते और तुम्हारे साथ जीते हुए

एक उम्र गुजर गई।

You Shall Be Startled

You shall be in fear the day

When

You shall witness my breakdown

And you shall be startled

The day

You see me risen to run

Following this breakdown

Somewhat in the manner

That

The day past,

When I had broken down to fall apart,

Was not a part

Of my life.

मेरा टूटाना देखोगे

डर जाओगे उस दिन

जिस दिन

मेरा टूटाना देखोगे

और चौंक जाओगे

उस दिन

जब इस टूट के बाद

मुझे उठ कर दौड़ता पाओगे

कुछ इस तरह कि

जैसे

बीता हुआ कल

मेरी जिंदगी का

हिस्सा नहीं था

कि

जिसमें मै टूट कर बिखरा था।

Break

It is necessary to break

To break several times over

Not because

Pulling oneself together after a break

Illumines and fortifies the personality,

But because the process of a break

At least

Provides us

The opportunity

Of reconstruction.

टूटना जरूरी है

टूटना जरूरी है

बार बार टूटना जरूरी है

इसलिए नहीं कि

बार बार टूट कर

उठ खड़े होना

निखरता है हमारा व्यकतित्व

बल्कि

इसलिए कि

टूटना

कम से कम हमें

कम से कम

एक बार

पुनर्निर्माण का अवसर

तो प्रदान करता है।

About the author

About Author

Name: Murli Manohar Srivastava

Born in Allahabad- Famous for Sangam and Maha Kumbh in India. A world famous place of intellectuals, Great writers and prominent leaders.

DOB: 18th May 1964.

Well recognized in Hindi Writers

More than one thousand articles have been published in all leading newspapers and magazines of Hindi.

Including -Navbharat Times, Amar Ujala, Dainik Jagran, Rashtriya Sahara, National Duniya.

Book " Sambhavana has been rated among top poetry books published in year 2018.

It's poetic translation by Deepak Danish is available on kindle.

Till Now 22 Books has been published.

I have just begun to be